UNION
DES ŒUVRES OUVRIÈRES CATHOLIQUES

L'ŒUVRE

DES

CERCLES CATHOLIQUES D'OUVRIERS

MONOGRAPHIE

PRÉSENTÉE AU CONGRÈS DE L'UNION DES ŒUVRES

OUVRIÈRES CATHOLIQUES, A LYON

LE 25 AOUT 1874

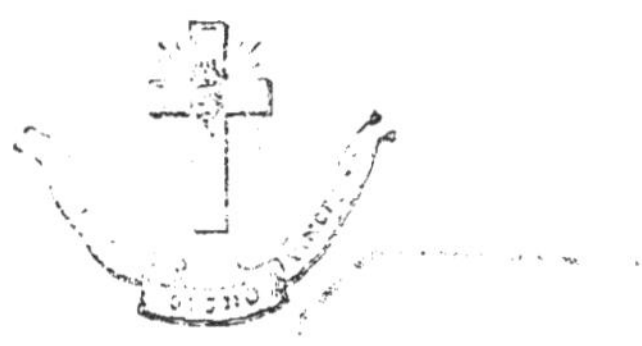

AU SECRÉTARIAT DU COMITÉ DE L'ŒUVRE

PARIS, RUE DU BAC, 10

1876

UNION

DES ŒUVRES OUVRIÈRES CATHOLIQUES

L'ŒUVRE

DES

CERCLES CATHOLIQUES D'OUVRIERS

MONOGRAPHIE
PRÉSENTÉE AU CONGRÈS DE L'UNION DES ŒUVRES
OUVRIÈRES CATHOLIQUES, A LYON

LE 25 AOUT 1874.

L'*Œuvre* dont j'entreprends d'exposer ici la monographie a pour fin le dévouement de la classe dirigeante à la classe ouvrière ; — pour principes les définitions de l'Église sur ses rapports avec la société civile — et pour forme le *Cercle catholique d'ouvriers*.

L'unité de l'Œuvre échappe absolument à qui ne la considère pas sous ce triple aspect de son objet, de son esprit et de sa forme. Mais elle se révèle au contraire aisément, si l'on veut bien suivre dans chacune de ces divisions du sujet d'abord l'inspiration d'où a jailli l'Œuvre, puis la manière dont en a été conçue l'application, enfin les premiers résultats qu'elle a obtenus.

Tel est donc le plan de cette monographie : trois titres correspondant aux trois aspects élémentaires de l'Œuvre, et dans chaque titre les trois phases logiques de son développement.

I. — BUT DE L'ŒUVRE.

A.—La classe élevée, en nourrissant la philosophie subversive du dix-huitième siècle, et en lui abandonnant la tutelle des classes populaires, est restée responsable du désordre qui a gagné ces classes et menace aujourd'hui de ruiner la patrie. Si sommaire et sujet à exceptions que soit ce jugement de l'histoire, il n'en blesse pas moins nos cœurs et nous fait un devoir d'honneur autant que de religion de chercher dans le dévouement au peuple une réhabilitation, si ce n'est un pardon.

Les exemples individuels de ce dévouement ne manquent pas; ils sont communs dans les familles où la tradition chrétienne s'est conservée par l'éducation ou bien s'est révélée par grâce personnelle à un esprit cultivé. Mais ces efforts individuels sont restés visiblement insuffisants au salut de la société, parce qu'il leur manque la force de l'association, c'est-à-dire l'essence même de toute action sociale.

Former dans la classe dirigeante des associations vouées au salut de la classe ouvrière est donc la pensée qui devait naturellement grandir en plusieurs cœurs au lendemain des désastres nationaux.

B. — De cette pensée surgit la formation des premiers *Comités* pour la fondation de Cercles catholiques d'ouvriers, c'est-à-dire l'association locale, dans un but défini, des hommes de bien qui n'étaient le plus souvent unis jusqu'à ce jour que par la communauté des intérêts.

Sitôt maintenant que dans une ville plusieurs quartiers appellent la fondation de Cercles particuliers, le *Comité*, sans diviser sa responsabilité de direction, essaime en quelque sorte dans chacun de ces quartiers et y constitue, sous la présidence de l'un de ses membres, un *Conseil de quartier*, qui exerce vis-à-vis du Cercle local une mission de patronage.

Tel est dans toute sa simplicité le système d'association locale qui constitue l'*Œuvre des Cercles catholiques d'ouvriers*. Au cœur du système, un *Comité de l'Œuvre* en maintient l'esprit et l'unité sans autre ingérence dans l'association locale. Son rôle de gardien de la tradition est sur le point de recevoir la plus haute sanction dont puisse être revêtue une association chrétienne, par une nouvelle faveur du Saint-Père, qui, en dotant l'Œuvre des indulgences de l'Église, daigne conférer à son Comité le pouvoir d'en exercer l'attribution.

L'association ainsi constituée sur le principe des responsabilités collectives et définies se caractérise par un mode d'action particulier, bien simple également en son principe, qui est la division du travail.

Chaque Conseil ou Comité est doublé d'un *Secrétariat* dirigé par son propre président, et chargé d'appliquer ses résolutions, c'est-à-dire de procéder de la délibération à l'exécution. Le *Secrétariat* se recrute parmi les membres les plus actifs du Comité, et emploie comme *auxiliaires* les jeunes gens qui se dévouent à l'Œuvre et y font ainsi leurs preuves avant d'entrer dans ses Conseils.

Le Secrétariat divise son travail en quatre Sections de la manière suivante :

La *première Section*, dite de *propagande,* veille à la constitution, au personnel et aux archives du Conseil, puis à son action de propagande et à ses relations ; elle marche droit au but de l'Œuvre en enrôlant à son service les hommes de la classe dirigeante.

La *deuxième Section*, dite de *direction,* assure la direction et la vie intérieure des cercles, puis leur développement et leur vie extérieure.

La *troisième Section*, dite d'*administration,* pourvoit aux dépenses et aux ressources générales, puis à l'entretien des Cercles et à leurs ressources particulières.

La *quatrième Section*, dite d'*enseignement,* procure les instructions et les missions religieuses, les cours et les conférences techniques ou littéraires, puis les lectures, les publications populaires et les bibliothèques.

Le travail de chaque Section est réparti lui-même entre ses membres titulaires ou auxiliaires ; il est dirigé par un *chef de section* qui en fait l'objet d'un rapport hebdomadaire au Conseil dont il est le délégué ; et la même forme de correspondance périodique relie le Conseil de quartier au *Comité local* et celui-ci au *Secrétariat général de l'Œuvre.*

Ainsi fonctionne avec une extrême facilité tout le mécanisme de direction de l'Œuvre, à cette seule condition que chacun ressente la responsabilité qui lui incombe de la fonction particulière qu'il y a acceptée, et que nul ne perde le contact avec ses collaborateurs immédiats, ni ne quitte son poste avant d'avoir pourvu à son remplacement.

Ce sont là d'ailleurs les lois générales du travail en commun, et la Providence n'y a pas permis d'exception, alors que ce travail s'applique soit à son service immédiat, soit au mouvement des armées, soit aux fabrications de l'industrie, soit à l'administration des sociétés publiques.

C. — Les premiers résultats obtenus par cette méthode de travail ont été une grande rapidité de propagande, une complète unité d'action, et une cordialité toute particulière entre les membres de l'Association.

En moins de deux ans soixante Comités étaient constitués, sans parler des Conseils de quartier : les premiers furent ceux des plus grandes villes de France, Paris, Lyon, Bordeaux, Marseille et Lille; puis l'Association naquit dans des cités et dans des bourgades industrielles; elle se produit maintenant au sein de populations rurales, et partout elle se montre active et féconde.

Quant à l'union intime de tous ces groupes autonomes, elle s'est manifestée publiquement et affirmée solennellement dans les deux *Assemblées générales* qui ont réuni depuis la fondation de l'Œuvre les membres les plus actifs de ses Conseils.

Toutefois cette union n'a porté ombrage à aucune autorité politique, malgré les dispositions si restrictives de la loi sur les associations, parce qu'elle est tout entière dans les esprits, et nullement dans les dispositions organiques. Chaque Comité se constitue sans aucune ingérence du dehors, recueille et administre les ressources locales sans aucun prélèvement pour une caisse centrale ; point de présidents imposés ; point de délégués élus. — L'âme de l'Association est partout, son corps nulle part ; en sorte qu'elle puisse se produire à l'infini, recherchant et groupant toutes les bonnes volontés isolées, n'en repoussant et n'en paralysant aucune par la centralisation.

C'est ainsi que, laissant aux associations politiques leur ombrageuse et secrète organisation en machines de guerre, nous nous formons à la lumière et dans la simplicité au service de la société chrétienne.

II. — ESPRIT DE L'ŒUVRE.

4.   L'esprit de l'Œuvre est un esprit de foi. « Ils ne doutent de rien, » a-t-on dit souvent des premiers fondateurs de l'Œuvre. — Éloge ou reproche, nous l'acceptons et nous en maintenons la tradition, comme étant tout le ressort de notre action et tout le secret de notre marche rapide.

Tout d'abord nos esprits, incapables des subtilités de l'école libérale, sont catholiques sans restriction. Ainsi nous ne nous sommes pas engagés dans une œuvre liée à la vie sociale sans être fermement persuadés qu'il existe une doctrine sociale nécessaire et immuable, et que cette doctrine est suffisamment définie par le Syllabus des erreurs modernes pour que nul en s'y référant humblement ne coure risque de faire fausse route et d'égarer ses frères.

C'est là notre boussole ; quant au flot qui porte notre nacelle et aux souffles qui l'entraînent et paraissent s'en jouer, nous avons la ferme croyance qu'eux aussi obéissent à un maître, et que nul d'entre eux ne se déchaîne ou ne se calme sans sa permission et sans concourir à ses desseins éternels.

Dès lors nous travaillons toujours comme si nous étions certains de réussir, bien persuadés en effet que nous réussirons s'il plaît à Dieu, quand même cela déplairait à tous les hommes. — Celui qui a voulu se servir de pêcheurs pour évangéliser le monde peut bien employer un instant des capitaines à fonder des Cercles catholiques d'ouvriers ; et nous respectons dans ce misérable instrument que nous sommes un des jeux de sa providence. Aussi nous est-il tout naturel de nous confier au surnaturel : — quand nous sommes endettés, de faire un pèlerinage onéreux ; — quand nous sommes taxés d'intransigeance, d'élever le verbe encore davantage ; — et quand tout va bien, de travailler comme si nous étions en péril extrême ; — puis quand nous avons bien tra-

vaillé et mal réussi, de recourir tous ensemble au grand
moyen, à la prière.

B. —Tel est l'esprit qui nous a rassemblés, et grâce au-
quel notre première réunion ne fut pas employée à dis-
serter, mais à adresser au Saint-Père l'expression de
notre résolution, afin qu'il la sanctionnât en la bénis-
sant. En même temps nous contractâmes ensemble un
lien religieux, qui, consistant en une prière quotidienne
et une communion annuelle aux intentions de l'Œuvre,
nous assurât la grâce de la persévérance en même temps
que l'accord sincère de nos futurs confrères.

Le Saint-Père daigna nous bénir, et nous nous mîmes
aussitôt en marche. Mais pas une étape de cette route
ne se fit dans l'étendue d'un diocèse sans que l'autorité
épiscopale eût daigné également agréer notre homm-
mage, ni sur le terrain d'une paroisse sans que le curé
eût bien voulu accepter la présidence d'honneur de nos
fondations. Enfants soumis et dévoués de l'Église, nous
ne comprendrions pas que l'on pût la servir en dehors de
son admirable constitution. — Néanmoins nous ne nous
interdisons pas d'implorer souvent près de la Nonciature
apostolique et même en cour de Rome les faveurs spi-
rituelles qu'aime à nous prodiguer de sa main auguste
le Père commun des fidèles. C'est à ce tendre et filial
respect pour la personne du Souverain Pontife que nous
sommes redevables de la pensée d'avoir brigué et de la faveur d'avoir obtenu pour notre Œuvre l'honneur d'entrer

dès le berceau dans cette grande *Union des OEuvres ouvrières catholiques*, qui a le bonheur d'être présidée par un prélat de la maison du Saint-Père, champion insigne de la cause dont il porte un titre révéré.

Nous étions désormais assurés de paraître au dehors ce que nous étions dans nos cœurs, et que nous aimons à nous redire « catholiques avec le Pape. » Mais les voies où nous nous engagions devaient nous conduire à parler au peuple, à éclairer l'ouvrier sur ses conditions, sur son histoire, sur les sophismes dont la Révolution ne cesse de l'empoisonner, et nous sentîmes que nos intentions, notre foi même, n'assuraient d'une manière suffisante en cet apostolat ni la pureté ni l'autorité de notre doctrine. — Recourant alors au dépôt de toute vérité, nous désirâmes recevoir des lumières mêmes du Sacerdoce les clartés que nous voulions répandre, et nous eûmes le bonheur de constituer par le concours de Religieux éminents ce *Conseil de Jésus-Ouvrier*, qui crée, dirige ou contrôle tout notre enseignement, les publications ouvrières et les travaux bibliographiques que nous offrons aux zélateurs de l'instruction populaire, comme aussi les missions et les conférences publiques qui vont saisir le peuple jusque dans les carrefours où le saint nom de Dieu semblait ne devoir plus être que blasphémé.

C. — Dieu a récompensé la simplicité de notre foi en lui faisant rencontrer chez les hommes auxquels s'adressait son appel un écho puissant et souvent plus élevé que ne l'avait été notre voix.

Aussi, tandis que les sociétés où la religion n'est pas la base et n'a qu'une place d'honneur s'en éloignent fatalement dans leurs développements, et laissent leurs aspirations premières n'aboutir, sous l'influence naturelle de nos secrètes faiblesses, qu'à une vague religiosité philanthropique, nos Associations, confiées en quelque sorte à la grâce, tendent visiblement, par une marche ascendante, vers les sommets où la piété conduit l'esprit humain pour l'illuminer.

Tous dans l'Œuvre, membres des Comités ou des Cercles, fondateurs ou derniers venus, nous l'avons éprouvé pour nous-mêmes, et nous avons le bonheur de devoir en témoigner ici.

C'est ainsi que nous avons pu amener aux sanctuaires de pèlerinage des milliers d'hommes de toute condition, et cela dans un esprit non de manifestation, mais de prière. C'est ainsi que les grandes fêtes sont marquées chez nous par des communions publiques et presque générales, que nos missions ont en plusieurs villes changé jusqu'à l'aspect de paroisses ouvrières, et que les ouvriers *conseillers* de nos Cercles y donnent l'exemple d'une piété qui semblait reléguée dans l'histoire et presque dans l'oubli du passé.

Les institutions économiques dont nous poursuivons le développement, — caisses d'épargne, — sociétés de secours mutuels, — associations coopératives, — se forment difficilement dans cette classe populaire que beaucoup croyaient ne pouvoir être attirée que par ces procédés. Mais nos petites Conférences ouvrières de Saint-Vincent de Paul et nos Associations pour la prière sont florissantes, les fêtes patronales se célèbrent avec éclat, les bannières sont arborées et entourées avec empressement, et il passe dans les groupes de ces ouvriers chrétiens comme le souffle précurseur d'une résurrection des vieilles confréries.

III. — FORME DE L'ŒUVRE.

Le *Cercle catholique d'ouvriers* est la forme extérieure de l'Œuvre dont les deux titres précédents ont retracé la fin et l'esprit.

A. — Comment nous fut inspirée cette forme? — Par la détresse dans laquelle se trouvait un de ces Cercles, le type unique qui en existât il y a trois ans! — type admirable, créé par les souscriptions de ce que Paris renferme de plus généreux, patronné par la Société de Saint-Vincent de Paul, dirigé par un ordre religieux, l'Institut des Frères de Saint-Vincent de Paul, sculpté enfin avec l'amour d'un artiste et la charité d'un apôtre par un homme révéré, dont le nom est au-dessus de l'éloge.

Le Cercle de jeunes ouvriers établi au boulevard Montparnasse, ce chef-d'œuvre collectif de tant de forces religieuses et sociales, était menacé de ruine, lorsque l'inspiration vint à son éminent Directeur de faire appel au concours de quelques jeunes hommes qui n'y avaient aucun titre et n'y offraient aucune ressource, — et qu'elle vint pareillement à ces hommes d'incarner en cette forme l'aspiration à servir la cause catholique qu'avaient fait naître en eux les désastres nationaux. — La miséricorde divine nous frappa ainsi d'un trait de lumière : le besoin d'association était compris, le terrain d'action était trouvé ! Qu'on me pardonne cette comparaison familière à l'état de ceux dont je parle ici : la création du Cercle, c'était le champ de manœuvre où se formeraient les cadres en vue du bon combat; — la réunion du Cercle, c'était la caserne où ils se dénombreraient, prêts à répondre à l'appel du clairon; — l'association du Cercle, c'était entre les classes sociales la fusion semblable à cet alliage de métaux, qui fournit, suivant l'heure, le bronze des cloches, celui des statues, et celui des canons.

B. — Le terrain d'application, la forme de l'OEuvre, sont donc trouvés dans le Cercle catholique d'ouvriers; le modèle existe; il est bon. — Maintenant, et sans revenir sur toute l'action extérieure préliminaire à sa reproduction et par suite absolument constitutive de l'OEuvre, formation de conseils, conférences publiques, missions, publications, etc., il nous reste à esquisser la monographie du *Cercle*.

Mettons à cet effet en leur place ses éléments constitutifs et en leur jour ses principes essentiels, tout en omettant absolument les détails d'application dans lesquels la liberté est bien plus caractéristique de l'esprit de l'Œuvre que l'uniformité.

Les éléments constitutifs du Cercle sont d'une part ceux qui en apparaissent comme les agents, à savoir : l'*Aumônier*, le *Directeur* et les *Membres associés*; d'autre part, ceux qui en forment la matière propre : les *Candidats*, les *Sociétaires* et les *Conseillers*. Le premier groupe constitue l'apport de la classe dirigeante, l'Aumônier développant la pratique religieuse, le Directeur maintenant les règles de l'Œuvre, les Membres associés exerçant leur patronage; le second groupe est pénétré de l'esprit de corps, instinctif chez les Candidats, affirmé par les Sociétaires, confié par eux en garde aux Conseillers.

Quant au lien de ces deux systèmes de forces, le voici : le Directeur présente au suffrage des Sociétaires les confrères dignes de les représenter au Conseil dont il exerce la présidence; ceux-ci, délégués comme administrateurs et consacrés solennellement comme gardiens inamovibles de l'Association, désignent annuellement au Cercle un *Président* et des *Dignitaires* pour en exercer les charges sous leur contrôle.

Tels sont les éléments constitutifs du Cercle. Les principes que l'Œuvre impose au jeu de ces éléments sont au nombre de trois, qui définissent le caractère propre des Cercles qu'elle dirige :

1° le principe catholique de l'Association établi par la fonction de l'Aumônier, par la consécration d'une chapelle intérieure, et surtout par la pratique religieuse résultant des mœurs plus encore que du règlement;

2° le principe du gouvernement du Cercle par les Sociétaires, justifié par leur cotisation mensuelle, appliqué par l'élection et surtout par l'inamovibilité des Conseillers ;

3° le principe de l'union de tous les Cercles catholiques d'ouvriers par le *Livret-Diplôme*, qui est délivré à leurs Sociétaires comme un titre d'honneur au dedans, et comme un passe-port au dehors pour toutes les maisons appartenant ou agrégées à l'OEuvre.

Telles sont les bases générales et uniformes sur lesquelles repose un Cercle de l'OEuvre. Les institutions de piété, de charité, d'économie, d'enseignement, de plaisir même, qui en deviennent le développement, n'y sont pas suffisamment caractéristiques pour qu'il y ait lieu d'attirer ici l'attention sur elles.

C. — Les résultats acquis par la création des Cercles catholiques d'ouvriers peuvent s'indiquer ainsi qu'il suit :

Les quatre-vingts Cercles que l'OEuvre a ouverts jusqu'à ce jour emploient l'activité d'environ deux mille de ses membres dirigeants, et tiennent préservés de la corruption environ douze mille ouvriers chrétiens. Tous ces hommes s'honorent du même *nom*, du titre de *confrères des Cercles catholiques d'ouvriers;* ils se réunissent dans les solennités sous la même *bannière*, la bannière qui porte l'*emblème* de l'OEuvre, la croix victorieuse et la vise du *Labarum*; et ils ornent leur vêtement des *insignes de l'Œuvre*, modelés sur cet emblème. Les pèlerinages, les processions, les assemblées solennelles, les réunions intimes, les joyeux banquets eux-mêmes, voient défiler ces cadres, flotter ces bannières, briller les insignes d'une véritable milice catholique; et l'ennemi, ce cruel et lâche ennemi, le respect humain, en a déjà reculé.— L'esprit de révolution s'en émeut; la France chrétienne s'en réjouit; et nous pouvons lui demander d'inscrire notre jeune phalange à l'avant-garde du mouvement catholique.

T. C.

Ce document a été approuvé par le Congrès en Assemblée générale, et l'impression en a été votée sur la proposition du Bureau.

Nota. — *Depuis le 25 août 1874, date de la publication de cet exposé, le nombre des Comités s'est accru de soixante à cent quatre-vingt-douze.*

Typographie Lahure, rue de Fleurus, 9, à Paris

PUBLICATIONS DE L'ŒUVRE.

I. PUBLICATIONS LITTÉRAIRES.

Discours prononcé à la séance de clôture de l'Assemblée générale de 1875, par le comte A. de Mun, secrétaire général de l'Œuvre.... Un exemplaire : 0 15, le cent. 15 »

Discours prononcé à la séance de clôture de l'Assemblée générale de 1876, par le comte A. de Mun, secrétaire général de l'Œuvre.... Un exemplaire : 0 15, le cent. 15 »

Catholiques et Libres penseurs, Conférence sur la *Question ouvrière*, faite au Havre le 15 janvier 1876, par le comte A. de Mun, secrétaire général de l'Œuvre. Un exemplaire.... 0 15

Le cent.... 15 »

Conférences données au Jésus-Ouvrier.
- *Les confréries ouvrières..* » 15
- *Appel aux ouvriers ....* » 15
- *L'Église et l'instruction...* » 15

Histoire des corporations. » 25

Histoire de la charité.. » 25

Vie et doctrine de N. S. J » 50

Jésus-Christ, sa vie et ses œuvres. » 50

TRACTS, cinq séries de neuf (seront poursuivies).
- *Le mille.* » 50
- *L'échantillon complet* 7 50

Catalogues...........
- *De sujets de cours et de conférences....* » 15
- *D'une bibliothèque populaire..* 1 »

Chants d'Église ou Cantiques, notes en musique, les 12 morceaux..... 2 50

II. PUBLICATIONS SPÉCIALES.

Notice sur l'Œuvre et Tableau de ses Comités et de ses publications (*le cent*).. 1 »

Exposé de l'Œuvre des Cercles catholiques d'ouvriers au Congrès de Lyon (18.., les 10 exempl.) 1 »

Exposé de l'Œuvre des Cercles catholiques d'ouvriers au Congrès de Reims (1875, les 10 exempl.) 1 »

Recueil utile à l'intelligence de l'Œuvre (1875). 1 50

Recueil utile à l'intelligence de l'Œuvre (1876). 1 50

Comptes rendus des Assemblées générales (le volume annuel 5 fr.) *franco*..... 5 50

Bulletin mensuel de l'Œuvre. » 25

La collection des publications spéciales 10 »

III. REVUE MENSUELLE.

L'ASSOCIATION CATHOLIQUE

Un numéro.... 2 »

Un an.... 20 »

Six mois.... 2 »

Pour se procurer les publications de l'Œuvre, s'adresser au Secrétariat du Comité de l'Œuvre, 10, rue du Bac, à Paris, en indiquant la publication et le nombre d'exemplaires désiré et en joignant le prix, conformément au tableau ci-dessus.

Typographie Lahure, rue de Fleurus, 9, à Paris